ZARZĄDZANIE PRZEZ CELE

- **Nazwa:** Zarządzanie przez cele (MBO), Zarządzanie projektami, zarządzanie przez wyniki

- **Zastosowania:** Model jest wykorzystywany w świecie biznesu przez dyrektorów personalnych, kierowników sprzedaży, kierowników operacyjnych, kierowników projektów, konsultantów wewnętrznych i zewnętrznych itp. Przykładowo, stosowany jest on przez:

  - menedżerów do wyznaczania precyzyjnych celów dla nadchodzących zadań w ramach biznesu, analizowania wyników i przyznawania nagród w zależności od wyników;

  - współpracowników do wyznaczania sobie celów wydajności.

- **Dlaczego jest on skuteczny?** Ten styl zarządzania jest skuteczny, ponieważ zapewnia kierownikom ramy do negocjowania z pracownikami, ustalania kierunku działania i wyznaczania celów do osiągnięcia. Wprowadza to jasność w całej hierarchii firmy. Ponadto, gdy pracownik zgadza się na powierzenie mu bardziej skomplikowanych celów, system ten prowadzi do uzyskania wyższego poziomu wydajności w porównaniu z osobami, którym powierzono prostsze cele.

- **Słowa kluczowe:** Zarządzanie, cele, techniki zarządzania

Zarządzanie przez cele powstało w kontekście wzrostu gospodarczego. Choć źle zorganizowane wcześniej, w wielu amerykańskich firmach od lat 50. nastąpiła ekspansja i decentralizacja. Wymaga to ponownego przemyślenia ich struktury.

Proces MBO został stworzony przez Petera Druckera (austriacko-amerykański teoretyk zarządzania, 1909-2005), podczas obserwacji organizacji takich firm jak General Motors. W 1954 roku opublikował pracę *The Practice of Management*. Jeden z rozdziałów, *Zarządzanie przez cele i samokontrolę*, zawiera pierwszą definicję modelu. Piętnaście lat później John Humble (angielski konsultant) dodał swój wkład do modelu, proponując metodę MBO.

Wreszcie Octave Géliner (francuski ekonomista, 1916-2004) zaproponował własną wersję MBO: Participatory Management by Objectives. Opiera się ona na trzech elementach; znajomości celów, struktury i procedur partycypacji. MBO przybrało obecnie nową formę i stało się systemem zarządzania, a nie tylko organizacji.

 **DEFINICJA**

Zarządzanie przez cele (MBO) to proces, w którym kierownictwo i pracownicy określają cele oraz negocjują działania i terminy niezbędne do ich osiągnięcia.

MBO to narzędzie dostępne dla menedżerów, pozwalające stworzyć ramy do negocjacji z pracownikami. Ma na celu zwiększenie wydajności organizacji, przekształcając cele zbiorowe w konkretne i precyzyjne, co przynosi korzyści zarówno jednostce organizacyjnej, jak i poszczególnym pracownikom. Wyniki są regularnie weryfikowane, a poszczególne osoby odpowiednio nagradzane. Jest to jedyny proces zarządzania, który wzmacnia pozycję pracowników, ponieważ MBO pozwala im przejąć odpowiedzialność za organizację własnej pracy w sposób, który im odpowiada. Kiedy pracownicy biorą udział w ustalaniu swoich celów, są bardziej zmotywowani i upewniają się, że osiągają swoje cele.

TEORIA KONCEPCJI

KTO Z NIEGO KORZYSTA?

Od menedżerów do dyrektorów naczelnych (w różnych sektorach zarządzania, takich jak marketing, finanse i zasoby ludzkie), wszystkie osoby na stanowiskach kierowniczych mogą wdrożyć w swojej organizacji zarządzanie przez cele. Jak już wspomniano, MBO to proces, w którym kierownictwo i pracownicy wspólnie określają cele i negocjują środki i terminy niezbędne do osiągnięcia wyników.

Wywodzące się z pracy Petera Druckera, MBO i jego zastosowanie różnią się znacznie w zależności od autora, który je skonceptualizował.

Ustalono dwie wersje:

* MBO może być interpretowane w sposób "technokratyczny", koncentrując się na celach finansowych. Wszystko koncentruje się na przychodach ze sprzedaży, kosztach lub budżetach. Każdy dział wyznacza swoje własne cele liczbowe. Gdy jeden z tych celów nie zostanie zrealizowany, wina spoczywa na menedżerach – w tym przypadku na kierownikach i ogólnym kierunku MBO – bez narażania na szwank innych celów. Na przykład można je ustalić podczas sporządzania budżetu: Każdy dział może ustalić własne, precyzyjne cele, które będą weryfikowane w ustalonym czasie (np. co kwartał).

- Druga wersja MBO koncentruje się na relacjach menedżerskich. Polega ona na stworzeniu sformalizowanego układu pomiędzy menedżerami a pracownikami. Wyzwanie z MBO w tym kontekście polega na tym, że nie wyznacza ono celów ani nawet nie dostarcza ogólnego planu. Te dwa czynniki są raczej podstawą do oceny pracy wykonywanej między menedżerem a pracownikami. W tym przypadku zastosowanie MBO jest zarezerwowane dla sektorów takich jak zasoby ludzkie, gdzie nie są wymagane precyzyjne cele. Rozmowy (wzajemnie organizowane) zawierają czas specjalnie na omówienie celów pracowniczych oraz celów, które niekoniecznie są ustalone, biorąc pod uwagę globalną strategię firmy i jej początkową wizję. Są one ustalane w zależności od słabych i mocnych stron pracowników. Wszystko sprowadza się do komunikacji.

KTÓREJ WERSJI UŻYĆ?

Czy należy faworyzować planowanie finansowe czy relacje zarządcze? Jeśli te dwie wersje nie są kompatybilne, trudno jest stosować je jednocześnie. Przede wszystkim MBO jest narzędziem wprowadzonym w życie dla uczestników – menedżerów, dyrektorów naczelnych i generalnych. To do tych osób należy wybór najbardziej odpowiedniej wersji MBO.

Czym jest program MBO?

Istnieją cztery główne składniki, które składają się na program zarządzania przez cele:

- (A) zatwierdzenie celów szczegółowych
- (B) partycypacyjne podejmowanie decyzji
- (C) ramy czasowe ustalone od początku
- (D) informacje zwrotne dotyczące wyników.

Jako przykład przyjrzyjmy się firmie, która chce poszerzyć swoją działalność.

- Aby osiągnąć ten cel, należy ustalić konkretne i precyzyjne cele (A). Lotnisko, na przykład, może wykorzystać program MBO do określenia, co jest konieczne do zwiększenia liczby klientów o 3,5%, aby zwiększyć liczbę bramek do wsiadania z 12 do 14 w ciągu roku. Może też zaplanować, jak ponownie uruchomić działalność cargo, kupując nowe budynki i remontując pięć starszych samolotów.

- Proces podejmowania decyzji powinien mieć charakter partycypacyjny (B). Menedżerowie z różnych działów lotniska powinni wspólnie decydować, jakie cele należy wyznaczyć i w jakich ramach czasowych należy je osiągnąć.

- Menedżerowie szacują, że na realizację wyznaczonych celów potrzeba będzie trzech lat. Ramy czasowe zostały więc ustalone od samego początku.

- Wreszcie, w przypadku tego programu, konieczne jest zaplanowanie oceny wyników (D) dotyczącej celów. Dyrektorzy lotnisk będą organizować spotkania z kierownikami na temat postępów pracowników w ich działach. Odbywa się to dopiero po zakończeniu określonych ram czasowych na realizację celów. Kierownicy i pracownicy powinni regularnie wyznaczać precyzyjne cele, aby mierzyć i kontrolować swoje wysiłki. Spotkania informacyjne organizowane są po przeanalizowaniu progresji programu i uzyskaniu opinii dyrektorów i ich podwładnych. Na spotkaniach zwrotnych mogą być również przyznawane nagrody.

CZY TEN SYSTEM JEST RZECZYWIŚCIE SKUTECZNY?

Na to pytanie nie ma prostej odpowiedzi. Wiele publikacji nie popiera modelu MBO. Większość jednak zgadza się z następującym stwierdzeniem: stosowanie MBO może w niektórych przypadkach mieć pozytywny wpływ na wydajność pracowników.

Istotne jest, aby pracownicy zgadzali się z wyznaczonymi celami. Jeśli tak jest, to wyznaczenie jeszcze wyższych celów zawsze doprowadzi do lepszej wydajności niż w przypadku celów łatwiejszych. Nawet jeśli pracownicy, którzy zgodzili się na cele, nie zawsze je wypełniają, to i tak poziom ich wykonania jest wyższy. Aby uzyskać taki wynik, należy wziąć pod uwagę trzy czynniki:

- **Znaczenie informacji zwrotnej.** Aby poprawić wyniki, należy we właściwym czasie przekazać danej osobie skuteczną informację zwrotną. Pozwala ona zmierzyć i uświadomić sobie wysiłki podejmowane przez daną osobę, ale także dostosować poziom trudności celów – czy nie jest zbyt wysoki, czy zbyt niski.

- **Uczestnictwo.** Czy wyznaczone cele są częściej realizowane, gdy zostały wyznaczone przez kierownictwo czy poprzez współpracę? Choć wydaje się to zaskakujące, badania wykazały, że nie ma różnicy między tymi dwoma przypadkami. Cele ustalone wspólnie lub cele ustalone przez kierownictwo prowadzą do podobnych rezultatów. Z tego powodu udział nie jest czynnikiem decydującym. Najważniejsze jest to, że pracownicy akceptują cele, niekoniecznie wnosząc do nich swój wkład. Należy jednak zaznaczyć, że wspólne ustalanie celów pozwala na zaangażowanie poszczególnych osób, które czasami stawiają sobie wyższe cele niż kierownictwo.

- **Zaangażowanie dyrektorów.** Niezwykle istotne jest również zaangażowanie dyrektorów przedsiębiorstw w proces, ponieważ daje to kierownikom odpowiedzialnym za działy pewność realizacji celów.

ROLA PRACOWNIKÓW W MBO

Przekonasz się, że poprawa wyników w firmie stosującej MBO wymaga rozpoznania przez pracownika wyznaczonych mu celów. Równie ważne jest, aby menedżerowie w każdym dziale jasno wyjaśnili działania wymagane do ich osiągnięcia. Wyznaczanie tych celów jest najwyższą umiejętnością menedżerską. Aby to zrobić, należy wykonać pewne kroki:

Co muszę zrobić?

Każdy pracownik ma przydzielone zadania i cele do wykonania. Przydział może być oparty np. na kwalifikacjach pracownika.

Jak motywować swoich pracowników?

Po pierwsze, ważne jest, aby ustalić poziom wydajności danych pracowników. Następnie można wyznaczyć cele, które muszą zrealizować oraz ustalić ramy czasowe, jakie mają na realizację celów. Kierownik powinien zawsze być realistą, szacując czas potrzebny na ich realizację.

Aktywne zaangażowanie pracownika

Chociaż z ostatniego rozdziału dowiedzieliśmy się, że poziom wydajności pracowników nie różni się bez względu na to, czy cele są ustalane przez kierownictwo, czy we współpracy, zaangażowanie pracowników daje jedną korzyść: chętniej je zaakceptują. Jednak to zaangażowanie powinno być szczere. Jeśli menedżer poświęca czas na konsultacje z pracownikami przy ustalaniu celów, powinien rzeczywiście wysłuchać ich opinii. Zaniechanie tego może mieć negatywny wpływ na wyniki.

Ustal priorytety swoich celów

Ważne jest, aby uszeregować wyznaczone cele w kolejności trudności i ważności, aby pracownicy mogli się nimi odpowiednio zająć. Z jednej strony pozwala to uniknąć sytuacji, w której niektórzy pracownicy przyjmują tylko łatwiejsze zadania, a inne pozostawiają. Z drugiej strony, jest to również sposób na docenienie osób, które chętnie podejmują się trudniejszych zadań (nawet jeśli nie są one w pełni zrealizowane).

Ważna informacja zwrotna

Regularna informacja zwrotna, poprzez spotkania organizowane pomiędzy poszczególnymi osobami a menedżerami w celu oceny ich dotychczasowej pracy. Dzięki temu pracownicy będą wiedzieli, czy ich wysiłek jest wystarczający do wykonania postawionych przed nimi zadań.

Nagroda końcowa

W zamian za swoje wysiłki pracownicy będą oczekiwać nagrody. Ważne jest jednak, aby uświadomić im, że nagrody są związane z liczbą zrealizowanych celów, a nie tylko z liczbą godzin spędzonych nad nimi. Dzięki temu poziom zadowolenia pracowników ma tendencję do podnoszenia się.

OGRANICZENIA I ROZSZERZENIA MODELU

OGRANICZENIA I KRYTYKA MODELU

* **Niepewność sektora.** MBO ma pewne ograniczenia, jeśli jest stosowane w zbyt niestabilnym sektorze. W rzeczywistości ustanowienie modelu skomplikowałoby go tak bardzo, że stałby się on nieefektywny. Na przykład sektory związane z kreatywnością (np. innowacje, badania i rozwój, produkcja artystyczna) są niekompatybilne z modelem, ponieważ trudno w nich określić cele. Czy badacz rzeczywiście może zorganizować swoje badania według ustalonych celów? Biorąc pod uwagę charakter jego pracy, cele byłyby nieistotne.

* **Ewolucja struktur pracy.** Przedsiębiorstwa powoli odchodzą od tradycyjnych struktur: pracownicy stają się bardziej wszechstronni, coraz bardziej zależą od innych w realizacji wyznaczonych im celów, są obecnie przydzielani do wielu sekcji schematu organizacyjnego itp. Zmiany te narażają MBO na niebezpieczeństwo, ponieważ pracownicy nie są już zarządzani przez jedną osobę, co znacznie komplikuje stosowanie MBO.

* **Ewolucja środowisk pracy.** Nasze społeczeństwo widziało wiele ewolucji od czasu powstania MBO. Na początku menedżerowie tworzyli długoterminowe plany, które systematycznie były zbyt optymistyczne.

Ponadto w międzyczasie mnożyły się kryzysy (np. kryzysy energetyczne na początku lat siedemdziesiątych czy kryzys finansowy z 2009 roku). Ewolucje te, w tym wiele postępów technologicznych, zaburzyły istniejący porządek, a tym samym wizje menedżerów. Ustalone z góry plany przestały być odpowiednie.

Poza strukturalnymi ograniczeniami procesu, MBO ma swoich krytyków. Tak jest w przypadku Williama Edwardsa Deminga (amerykański lekarz i statystyk, 1900-1993). Według niego stosowanie MBO ma negatywny wpływ na jakość pracy pracowników. Pracownik stara się za wszelką cenę zrealizować postawiony cel, nie zwracając uwagi na jakość pracy. Inni twierdzą, że jeśli MBO motywuje do osobistych osiągnięć, to niekoniecznie jest korzystne dla zespołu jako całości: pracownik może zbytnio skupić się na zadaniach, które ma, zapominając o ogólnych celach firmy.

W praktyce możliwe jest naprawienie niektórych z tych problemów. Aby to zrobić, menedżerowie muszą nalegać na jakość całej pracy. Na przykład, sprzedawca samochodów musi brać pod uwagę nie tylko liczbę sprzedanych samochodów, ale także liczbę sprzedaży modeli z wyższej półki. Aby uniknąć takich wyników, menedżerowie powinni zawsze nadzorować działalność i dokonywać przeglądu celów, aby upewnić się, że są one nadal aktualne.

ROZSZERZENIA I PODOBNE MODELE

Cele SMART

Jest to mnemotechnika stosowana przy modelu MBO. Metoda SMART jest często stosowana przez menedżerów, aby pomóc im w realizacji projektów. Można ją również włączyć do zarządzania przez cele. Cel zawiera wskaźnik, za pomocą którego można zmierzyć indywidualną i zbiorową wydajność. Ten wskaźnik wydajności musi być Specyficzny, Mierzalny, Adekwatny, Realistyczny i Terminowy. Innymi słowy, cel musi być SMART.

Zarządzanie partycypacyjne

To podejście do zarządzania stoi wbrew naukowej wizji pracy i skupia się na wąskiej wizji ludzi. Zarządzanie partycypacyjne opiera się na założeniu, że pracownik nie jest narzędziem, ale podmiotem psycho-emocjonalnym. Przedsiębiorstwo jest również miejscem, w którym powstają reprezentacje społeczne. Teoretycy tej koncepcji potwierdzają znaczenie rozwijania "ludzkiego wymiaru" firmy. Może się to odbywać za pomocą kółek partycypacyjnych lub skrzynek sugestii. Sens tej ewolucji polega na tym, że menedżerowie łatwiej osiągają swoje cele, jeśli angażują sam zespół. Aby wprowadzić tę metodę zarządzania, należy przestrzegać zasad związanych z uczciwym zarządzaniem.

Sprawiedliwe zarządzanie

Zasady sprawiedliwego zarządzania opierają się na równowadze między wynikami ekonomicznymi a szacunkiem dla jednostki. Takie postrzeganie ma na celu ustanowienie relacji win-win pomiędzy menedżerami i pracownikami. Wybierając ten typ zarządzania, przedsiębiorstwo ma nadzieję na ustanowienie ambitnej i spójnej dynamiki, która ma znaczenie i opiera się na jasnej, dostosowanej, spójnej i postępowej organizacji. Główną zaletą tej metody jest wykorzystanie energii i talentów zespołu. Relacje interpersonalne opierają się na wzajemnym szacunku i uznaniu, a nie na hierarchii. Wreszcie, sprawiedliwe zarządzanie zachęca do proaktywnego zarządzania, które jest zdolne do wprowadzania skutecznych zmian i ma silne poczucie etyki i odpowiedzialności społecznej.

Zarządzanie oparte na wartości

Ten typ zarządzania pojawił się przed MBO. Jest to teoria oparta na idei kultury biznesowej. Ważne jest, aby wiedzieć, że ten typ zarządzania nie ma na celu zmiany wartości firmy i nie chodzi w nim o zmianę kultury firmy. Zamiast tego, głównym punktem zarządzania opartego na wartościach jest wykorzystanie kultury w firmie do poprawy wyników.

Zarządzanie oparte na kompetencjach

Jak sama nazwa wskazuje, ten typ zarządzania opiera się na umiejętnościach każdej osoby napędzającej firmę, bez zarządzania nimi i rozwijania ich. Konieczne jest, aby każdy pracownik rozwijał jedną lub kilka konkretnych umiejętności dla dobra struktury, która go zatrudnia. Sensem tego podejścia jest wzmocnienie kapitału ludzkiego zespołu, co wymaga dobrej pracy w zasobach ludzkich – nacisk kładziony jest na to, aby umiejętności poszczególnych pracowników były wykorzystywane dla dobra zespołu.

ZASTOSOWANIA KONCEPCJI

PORADY

W niniejszym rozdziale zebrano kroki wprowadzone w celu skutecznego zastosowania procesu zarządzania przez cele. Konkretne przykłady zastosowania pokazują każdy krok.

Sformułowanie celu

Ten pierwszy krok polega na nakreśleniu dokładnego rezultatu, który ma być osiągnięty, i opracowaniu metody oceny, która pozwoli zmierzyć i sprawdzić, w jakim stopniu został on osiągnięty. Na tym etapie trzy pytania (kto, co, kiedy) mogą ukierunkować proces myślowy.

Przykład:

* **Kto?** Serwis internetowy służący do zamawiania posiłków online.

* **Co?** Chce zwiększyć swoją klientelę o 15%.

* **Kiedy?** W ciągu roku.

Określenie celów

Przykładowy cel można zawęzić, określając kierunek działania oraz narzędzia i wsparcie potrzebne do jego realizacji. Na przykład do realizacji celu (celów) wyznacza się jednego lub kilku menedżerów i ustala się terminy pośrednie.

Przykład: Nasza strona internetowa służąca do zamawiania posiłków postanawia wykorzystać reklamę internetową do osiągnięcia swojego celu.

- Wybierany jest menedżer, który monitoruje zakup powierzchni reklamowej na stronach powiązanych z Google.

- Pierwsza ocena postępów planowana jest na koniec pierwszych trzech miesięcy.

Sześć zasad zapewniających prawidłowe wykorzystanie planu

Oprócz wyznaczania celów, ważne jest również przestrzeganie tych sześciu zasad:

- jasność

- znaczenie

- wymierność

- termin

- osiągalność

- przyjęcie.

Przykład: W przypadku naszej firmy kierownik działu reklamy musi zadać wszystkie poniższe pytania.

- Czy oczekiwany wynik jest konkretny, możliwy do zidentyfikowania, zrozumiały i czy pozostawia miejsce na interpretację?

- Czy jest on istotny dla polityki firmy i spójny z innymi decyzjami?

- Czy posiada środki wskazujące, które pozwalają na jego kontrolę?

- Czy termin jest precyzyjną datą realizacji ogólnego celu, czy też indywidualnymi terminami dla poszczególnych kierunków działań?

- Czy środki działań pośrednich są wystarczające (faza specyfikacji) i czy zarządzający są w stanie je osiągnąć?

- Czy osoby odpowiedzialne za realizację celów zgadzają się z tym?

Kontrola tych czynników może odbywać się na dwa sposoby: regulacja procesu i śledzenie postępów.

Po zadaniu wszystkich tych pytań menedżer może skontaktować się ze swoim zespołem, aby zorganizować spotkania zachęcające do partycypacyjnego podejmowania decyzji. W przypadku przykładowego biznesu, spotkania będą organizowane z całym zespołem marketingowym. Każda osoba może wtedy wyrazić swoje własne pomysły do wprowadzenia w życie. Na tym etapie koniecznie trzeba pamiętać o znaczeniu tych spotkań. Menedżer, który je przygotował i zorganizował oczekuje realnych korzyści, które przyczyniają się do osiągnięcia celu firmy.

Informacja zwrotna

Taka informacja zwrotna powinna mieć miejsce nie tylko pod koniec okresu wyznaczonego na osiągnięcie celów. Można zaplanować regularne spotkania w trakcie całego procesu, aby monitorować osiągalność wyznaczonych celów w zależności od obciążenia pracowników.

Przykład: Organizowane są regularne spotkania pomiędzy kierownikiem odpowiedzialnym za projekt reklamowy a pozostałymi dyrektorami. Podczas tych spotkań ocenia się, czy zasoby przekazane działowi są wystarczające, aby mógł on osiągnąć wyznaczone cele.

Nagrody

Jeśli wykonana praca jest dobrej jakości, może być nagrodzona. Ważne jest również, aby pracownik, któremu wyznaczono cele, rozumiał, że ta nagroda jest bezpośrednio związana z ich realizacją.

STUDIUM PRZYPADKU

Przyjrzyjmy się przykładowi zastosowania MBO i zarządzania w ogóle w dwóch firmach, które są dziś znane na całym świecie. Zobaczycie, że te zastosowania mogą być bardzo różne w zależności od tego, jak menedżerowie zastosowali teorie związane z MBO.

Apple

W latach 1997-2001, kiedy dyrektorem Apple był Steve Jobs (1955-2011), strategia organizacyjna firmy opierała się na silnej centralizacji informacji. Wszyscy otrzymywali polecenia od tej samej, jednej osoby, która obiegała informacje tak, jak chciała tego firma. W ujęciu MBO cele były wyznaczane przez jedną osobę, która następnie przekazywała wymagania każdemu z menedżerów:

- cele menedżerów, którzy byli zależni bezpośrednio od osoby stojącej na szczycie hierarchii firmy, były wyznaczane przez ich przełożonych;

- pracownicy wykonywali polecenia swoich przełożonych.

Kierownicy korzystali z niewielkiej swobody wyboru sposobu osiągania celów.

Metoda ta sprawdziła się pod względem skuteczności i szybkości działania. W przypadku popełnienia błędu:

- osoby odpowiedzialne mogły szybko wykryć obszar, w którym popełniono błąd;

- wpływ na zachowanie pracowników z różnych działów był bezpośredni: tego rodzaju wydarzenie kształtuje kulturę korporacyjną i zmusza pracowników do wytworzenia gotowego produktu.

Model ten ma jednak swoje ograniczenia. Na przykład osobie prowadzącej firmę trudno jest zarządzać każdym aspektem, zwłaszcza gdy oferowane produkty są tak różnorodne. Dowodem jest to, że wszystkie produkty

Apple nie są tej samej jakości: Apple TV pierwszej generacji czy MobileMe cieszą się mniejszym powodzeniem niż pozostałe produkty firmy.

Google

Metoda Google, pioniera "Zarządzania 2.0", oferuje zastosowanie MBO, które jest zupełnie inne od pierwszego przykładu.

Firma zawsze była znana ze swojej polityki rekrutacyjnej, która zdecydowanie faworyzuje pracowników naukowych. Jej założyciele, genialni inżynierowie komputerowi Larry Page i Sergueï Brin, obaj urodzeni w 1973 roku, sami zajmują się rekrutacją. Przez pewien czas głównym kryterium otrzymania tam pracy było posiadanie doktoratu, bo to gwarantowało autonomię wobec pracowników. W gruncie rzeczy akademicy są przyzwyczajeni do pracy w pojedynkę i pozostawania produktywnym. System Google jest znacznie bardziej zdecentralizowany niż w większości innych firm: zamiast polegać na hierarchii, opiera się na dużej liczbie jednostek. W pewnym sensie system ten był bardzo skuteczny, ponieważ pozwolił Google'owi rozwinąć wiele usług, takich jak Gmail czy Google Reader. Potrzeba ogólnej i hierarchicznej organizacji jest mniejsza, ponieważ system opiera się na zdolności każdej jednostki do wyznaczania własnych celów.

I w tym przypadku system ten ma swoje wady. Zdecentralizowana firma, pozbawiona skoordynowanego kierunku, stale przemieszczająca się i podważająca podjęte wysiłki, może zamienić się w katastrofę. W tym przypadku widać było główne ograniczenia:

- W postępie niektórych projektów firmy. Na przykład w niektórych serwisach brakowało jasno określonych rozmówców i wydawały się rozproszone.

- Gdy firma się rozrosła i trzeba było zweryfikować system organizacyjny. Od tego czasu Google przestał rekrutować wyłącznie doktorantów. Zmieniły się także metody zarządzania i proces wyznaczania celów.

PODSUMOWANIE

- Zarządzanie przez cele (MBO) to proces, w którym menedżerowie liniowi i ich pracownicy wyznaczają cele i negocjują działania oraz ramy czasowe wymagane do ich realizacji.

- Koncepcja ta pojawiła się po raz pierwszy w latach pięćdziesiątych, kiedy amerykańskie firmy miały duże trudności z ustaleniem przejrzystej organizacji.

- Książki źródłowe: *Management by Objectives* Petera Druckera, *Management by Objectives in Action* Johna Williama Humble'a oraz *Direction participative par objectifs* Octave'a Géliniera.

- Korzyść: Jeśli MBO jest stosowane prawidłowo, może zwiększyć wydajność organizacji i satysfakcję pracowników.

- Wady: Ten typ zarządzania jest trudny do zastosowania w niestabilnym środowisku i nie jest w stanie dostosować się do ewolucji środowiska pracy.

- Rozszerzenia: Modele SMART, zarządzanie partycypacyjne, zarządzanie oparte na wartościach i zarządzanie oparte na kompetencjach.

- Porady: Postępuj zgodnie z metodą SMART: cel powinien być Specyficzny, Mierzalny, Adekwatny, Realistyczny i Terminowy.

- MBO przeznaczone jest dla menedżerów HR, menedżerów sprzedaży, menedżerów operacyjnych, menedżerów projektów, konsultantów wewnętrznych i zewnętrznych itp.

DALSZE CZYTANIE

BIBLIOGRAFIA

Alexandre-Bailly, F., Bourgeois, D., Gruère, J-P., Raulet-Croset, N., Roland-Lévy, C. i Tran, V. (2013) *Comportements humains et management.* [⁴wydanie]. London: Pearson.

Amaury. (2012) Management d'entreprise : trois exemples que tout oppose. *De geek à directeur technique.* [Online]. [Dostęp 25 czerwca 2014]. Dostępny w: < http://www.geek-directeur-technique.com/2012/07/04/management-dentreprise-trois-exemples-que-tout-oppose>.

Delavallée, E. (2009) Management par les objectifs. *Manager-par-les-objectifs.fr.* [Online]. [Dostęp 25 czerwca 2014]. Dostępny w: < http://www.manager-par-les-objectifs.fr/>.

Drucker, P. (1954) *The Practices of Management.* New York: Harper & Row.

Gélinier, O. (1980) *Direction Participative Par Objectifs.* Paris: Éditions Hommes et techniques.

Guilbert, P. (2008) *Le B.A.-Ba du management.* Brussels: De Boeck.

Humble, J. W. (1970) *Zarządzanie przez cele w działaniu.* London/New York: McGraw-Hill Book Co Ltd.

Pericchi, J. (1992) *Guide du Management.* Paris: Édition du Seuil.

Robbins, S. i Decenzo, D. (2004) *Zarządzanie. L'essentiel des concepts et des pratiques.* London: Pearson Education.

Rodgers, R. i Hunter, J. E. (1991) Wpływ zarządzania przez cele na produktywność organizacji. *Journal of Applied Psychology*. 76(2).

Stahl, R. (2013) *Management, formation et travail en équipe. Pratiques issues du coaching et de l'intelligence collective.* Bruksela: De Boeck.

Chcemy usłyszeć od Ciebie, co się dzieje!
Zostaw komentarz na temat swojej internetowej biblioteki
i podziel się swoimi ulubionymi książkami w mediach społecznościowych!

Master ISBN : 9782808066587
Papierowy ISBN : 9782808099837
Depozyt prawny: D/2022/12603/158

Projekt cyfrowy: Primento – cyfrowy partner wydawców.